読書習慣が学力を決める

川島隆太・土屋秀宇

致知ブックレット

読書習慣が激烈な学力の差を生む

土屋　川島君の発表された音読脳が、たくさんの新聞に取り上げられて話題になったのは、確か平成十二、十三年頃でしたよね。僕はそれを読んで、「中学校で教えていたあの川島君か？」と思って、すぐに卒業者名簿を引っ張り出して連絡を取ってみたんです。

君が卒業して二十何年も会っていなかったのに、電話にお出になったお母様が僕のことをちゃんと覚えていてくださって感激しました。おかげさまで、またこうして交流を図れるようになりましたからありがたい限りです。

川島　土屋先生は、その頃には既に国語教育に熱心に取り組んでいらっしゃいましたね。僕が習っていた頃は英語の先生でしたから、びっくりしました（笑）。

土屋　僕は中学生の頃から、恩師の影響で国語に対する愛をずっと育《はぐく》んでいたんです。あいにく教職に就いた頃は国語の教員が余っていたので、不足していた英語の教員になったんですが、自分の担任する学級では朝の会や帰りの会で音読や素読《そどく》を通じた独自の国語教育をずっと実践していました。安岡正篤《まさひろ》先生の言葉に従って、ひたすら陰徳《いんとく》を積み、一隅《いちぐう》を照らしてきたつもりなんです。

川島君の学級担任ではなくて、三年間英語の授業を担当しただけなので、恩師なんて言われると恐縮してしまうけれども、それでもかつて僕が教えていた生徒の研究によって、自分が続けてきたことに科学的な裏付けを得られたわけですから、これは何より嬉しいことでした。

川島　脳っていうのは、新しいことをしたり、難しいことをしたりするとよく働くというのがこれまでの通念でした。ところが実験を通じて、脳は文章を読む時に見たこともないくらい活発に働いていることが分かったんです。そこで認知症の高齢者の方に文章を読んでいただく実験をしてみたら、薬を飲んでもよくならなかった方がよくなるという、奇跡のようなことが起こったんです。

土屋先生からご連絡をいただいて、国語教育に打ち込んでいらっしゃることを知ったのはちょうどそんな時期だったものですから、とても感激しました。こういう出会いもあるんだなと。

土屋　僕はそれまで読書の大切さを確信してはいましたけど、残念ながら科学的な根拠はありませんでした。ひたすら実践を続けていく中で、子供たちの表情が明るくなったり、喜びが現れることを唯一の手がかりにやってきましたから、川島君に脳科学の観点から音読の効用を明らかにしていただいて百万の味方を得た思いでした。

川島　いまは仙台市の教育委員会と学術協定を結んでいて、市内の公立小中学校に通う七万人強の子供たちの学力データを十年近くにわたって追跡調査していましてね。そこからも読書習慣を持っている子の学力が明らかに高いというデータを得ているんです。

脳の測定をさせてもらうと、読書習慣を持っている子は脳の発達がとてもいい。大脳の言語半球の神経線維《しんけいせんい》という電線の連絡する部分、ここの発達がすごくよくなっていることが分かりました。

土屋　読書の効果が脳にもはっきりと現れているわけですね。

川島　そうなんです。実際にどれだけ学力に差があるかと言いますと、読書を全《まった》くしない子が平均点を超えるには、家で毎日二時間勉強して、かつ睡眠を六時間から八時間キチッととらなければなりません。ところが読書を毎日する子たちは、家での勉強時間が一時間もあれば十分で、あとはちゃんと睡眠さえとっていれば平均点を軽く超えるんです。さらに、毎日一時間以上読書する子たちは、宿題さえちゃんとしていれば、あとは適切な睡眠時間が確保されると楽々平均点を超える。それくらい、激烈な学力の差が生まれることが分かったんです。

よいアウトプットには十分なインプットを

土屋　そういえば、中学時代の川島君はとても大らかな雰囲気を持っていましたね。あの学校には東大や医学部を目指してガツガツ勉強している子が多かったけれども、川島君は全くそういう匂いを感じさせなかった。

後に奥さんとの共著で君の生い立ちを知って、僕の子供の頃に似ていると思いましたよ。僕は田舎育ちで、親から勉強のことは一切言われなくて、学校から帰ると鞄《かばん》を放り投げて遊びに行っていました。川島君もそれに似たようなところがあったでしょう。

川島　おっしゃる通りです（笑）。僕は本当に勉強が嫌いだったので、宿題は学校で済ませていました。部活が始まる前に終わらせておきたくて、授業が終わった後に何人かの仲間と教室に残って必死で机に向かっていましたね（笑）。

ですから家に帰ると時間を持て余してしまうんですよ。そういう時に恐らくうちの両親の陰謀なんでしょうけど（笑）、二人が大学時代に読んだ本が全部僕の部屋の本棚にありましてね。仕方なくそれらに手を伸ばすようになったのが、読書を始めた最初のきっかけでした。

土屋　ご両親は、きっと我が子に読んでほしいと願っておられたんでしょうね。

川島　直接読めと言われたことは一切ありませんでしたけれどもね。ただ、記憶にはないんですが小さい頃に随分読み聞かせをしてくれていたようです。それがいまも家に残っている小学館の『少年少女世界童話全集』でした。少し大きくなってからは僕がそれを六つ下の妹に読み聞かせ、結婚してからは妻が息子に読み聞かせ、いまは三人の孫に読み聞かせようかと言っているんです。

土屋　あぁ、同じ本を代々。それは素敵ですねぇ。

川島　僕自身が本格的に読書に取り組むようになったのは中学時代でした。当時は深夜ラジオが盛んで、番組に投稿するのが流行《はや》っていましてね。そこで読んでもらえるような文章を書くために乱読していたんです（笑）。いい文章を書くには、本をたくさん読まなければならないという直感のようなものがあったんですよ。

土屋　どんな本を読んでいたのですか。

川島　学校で推奨されていた井上靖《やすし》のような作家から始まって、柴田錬三郎も芥川龍之介も全部読みました。ジャンルはバラバラですけど、気に入った作家の作品を全部読むのが僕の読み方なんです。とにかく勉強しないで本ばっかり読んでいましたね。

ですから、先ほどご紹介した実験で読書と学力の関係が分かった時に、そうかと思ったんですよ。勉強嫌いだった僕でも人生が何とかなったのは、本をたくさん読んでいたからだと（笑）。

土屋　図らずも理想的な少年時代を過ごしていたわけですね（笑）。

そういう豊富な読書体験を通じて、内なる力としての言葉、内言語《ないげんご》を蓄《たくわ》えておくことはとても大事なことだと思います。よい出力をするには、その前に十分な入力が必要なのですが、いまの日本の学校教育はそこが圧倒的に足らない。そういう危機感があって、僕は独自の国語教育をずっとやってきたわけです。

本を読めば創造力が高まる

川島　脳科学的に見ても、読書を通じて語彙《ごい》を蓄えるというのはとても大事なことです。

実験で一番驚いたのが、いわゆるクリエイティビティ、何か新しいものを創り出す創造性は脳のどこから生まれてくるのかを調べたら、語彙を格納する部位と言葉を扱う部位が一番よく働いていたんです。それは言葉ではなく、イメージを膨らませて何かを生み出す時もそうなんですね。

ですから新しいものを創造する高次な活動も、すべてその人の語彙がもとになっているというのが実験を通じての僕の結論なんです。

土屋　湯川秀樹博士の「創造性の発現には相当大量の語彙の蓄積が必要だ」との言葉に通じますね。

川島　きょうはせっかく土屋先生にお目にかかったので、新しいデータをご紹介しますと、僕は最近、脳を鍛えることをテーマに会社をつくりましてね。そこへある企業から「ホワイトカラーの創造性を伸ばしてほしい」というご依頼をいただいたんです。言われたことしかできない社員さんを何とかしてほしいと。

そこで僕が何をしたかというと、文庫本を二冊渡しただけです。これを一か月後までに読んでおいてくださいと。

一か月後に実験すると、ちゃんと読んでくれた社員さんは、見事にクリエイティビティが上がっていました。そのまま読書が習慣になって、課題の本以外にも読んできた人はもっとその伸びが顕著でした。しかし、さぼった社員さんは横ばいのままだったんです。

ですから、本を読めばクリエイティビティが高まるというのは既に証明済みなんですよ。

土屋　大いに納得できるお話です。ちなみに、その時はどんな本を提供されたのですか。

川島　何でもよかったんですけど、その時は井上靖の本をお渡ししました。

クリエイティビティというのはまさに語彙力であり、文章を読み、扱うところの脳から出てくるものですから、まず読書してもらうことでクリエイティビティが高まるだろうと。その上、普段使わない語彙が使われている少し古い本を読むとよりいい。ただ、明治や大正の文語文はいまの若い人は読めないので、口語に近い作品ということで井上靖を選んだんです。

日本文化の神髄に触れた読書体験

土屋　そういうお話を伺うと、僕は冒頭にもお話ししたように、若い頃に恩師を通じて日本文化の神髄に触れるような作品にたくさん出逢ってきて本当によかったと改めて実感させられます。

その恩師は佐藤哲夫先生とおっしゃって、陸軍士官学校出身の大変な熱血漢で、自ら漢詩を詠み、和歌をつくり、剣魂歌心《けんこんかしん》を地で行く情の深い方でしてね。高校の時に「まほろばの会」という勉強会にお誘いをいただいて、名文を素読したり、和歌を詠んだり、名著の輪読をしたりしたことから、僕の中で日本文化への扉が開かれたのです。そこで採り上げられる本がとにかく難しいんですよ。保田與《やすだよ》重郎《じゅうろう》、倉田百三《ひゃくぞう》、阿部次郎、内村鑑三《かんぞう》とか、そういうものに必死で食らいついていったのがよかったと思いますね。

川島　先生が読書への目を開かれたのは、その時だったのですね。

土屋　とても大きな体験でした。ただ最初の目覚めは、その前の小学校時代にあったように思います。

　うちは田舎の旧家で、奥座敷の襖《ふすま》には張継《ちょうけい》の「楓橋夜泊《ふうきょうやはく》」が墨で書かれているような家でした。床《とこ》の間には父が懇意にしていた植物学者・牧野富太郎博士の短歌も飾ってある、さらに離れの床の間には明治天皇の御製《ぎょせい》の掛け軸が飾ってある、そういう環境で育ったんです。ある時父にそれらの読み方を教えてもらい、声に出して読んでみるとなんだか気分がいい。それが音読への目覚めでしたね。

　父は僕の勉強に一切口出しはしませんでしたけど、「本をよく読みなさい」ということは盛んに言っていました。ですから小学校五、六年になると書斎にあった文学全集を片っ端から引っ張り出して読むようになりました。昔の本は総ルビでしたから、僕にも読むことができたんです。

川島　やはりお若い頃からたくさん読んでこられたのですね。

土屋　もう一つ忘れられないのが、中学時代にラジオで聞いた『走れメロス』の朗読でした。誰の朗読だったかは覚えていませんが、それが実に上手くてね。親友セリヌンティウスの命を懸けて必死に走るメロス。その緊張感に思わず惹き込まれ、夢中になって応援する自分がいたのです。朗読の魅力を体で実感したんです。

そういう原体験があった上で、佐藤先生に出会ったわけです。先生は現代仮名遣いを「敗戦仮名遣い」と呼んでいらっしゃいましたけど（笑）、戦後の国語教育が大切な日本文化を損なう方向へ進んでいることを痛感して、これは絶対にちゃんとした日本語を伝えていかなければならないというのが私の使命感になったんです。

現代人に必要な〝縦軸〟の言葉

川島　具体的に、どんな指導をなさってこられたのですか。

土屋　文語文の素読、音読が中心でした。戦後の国語教育というのは、布の生地でいうと、横糸と縦糸の横糸だけで教育を施すようなものです。ですから縦糸の言葉に当たる文語文、僕は「縦軸の言葉」と呼んでいるんですけど、それをちゃんと学んでバランスを取らないと丈夫な生地ができないと考えたわけです。

最初に採り上げたのが徳冨健次郎（蘆花《ろか》）の『自然と人生』でした。結構難しいので最初は戸惑いもありましたけど、思い切ってやってみたら、子供たちがとても喜んでくれたんですよ。これは大きな自信に繋《つな》がりましたね。

例えば「立秋《りっしゅう》」という一文。

「秋、今日立つ。芙蓉《ふよう》咲き、法師蝉《ほうしぜみ》鳴く。赫々《かくかく》として日熱するも、秋思《しゅうし》已《すで》に天地に入りぬ」

文語文特有のキリッとした味というか、格調高さがあって、声に出して読むと実に気分がいいじゃないですか。それから、戦前の国定教科書にもすごくいい詩があるんです。例えば「鳴門《なると》」。

「阿波《あわ》と淡路《あわじ》の　はざまの海は
此処《ここ》ぞ名に負ふ　鳴門の潮路《しおじ》
八重《やえ》の高潮　かちどき揚げて
海の誇りの　あるところ」

こういう名文を模造紙に墨書して黒板に貼り、生徒たちと唱和したものです。

それから「太平洋」。

「波濤《はとう》千里　洋々と
東にうねり　西に寄せ
日出づる国の　暁《あかつき》に
雄々《おお》しく歌ふ　海の歌
黒潮こえて　いざ行かん
我等の海よ　太平洋」

気宇壮大《きうそうだい》でしょう。他にも高村光太郎の「最低にして最高の道」、宮澤賢治の「雨ニモマケズ」、土井晩翠《ばんすい》の「星落秋風五丈原《ほしおつしゅうふうごじょうげん》」。さらには漢詩もやりました。日本人は文語文を千年以上使ってきたわけですから、遺伝子に刻み込まれていると思うんです。子供たちが喜んでくれたのは、きっと眠っていた文語文の遺伝子がスイッチ・オンになったからでしょうね。

川島　確かに文語文のリズムというのはとても心に響きますね。いま使っている口語体はそういうものに乏しいけれども、特に大正、明治後期の文学作品はリズム感がすごくあって、朗読を聞いても、自分で読んでも気持ちがいい。
僕が『脳を鍛える大人の音読ドリル』をつくった時も、リズム感がほしかったので、その頃の文学を選んだんですけど、土屋先生のお話を伺ってそれで正解だったのだと改めて思いました。

読み聞かせで親子の脳はどう変わるか

土屋　それから、これは僕がやってきた言葉の教育とも深く関係する問題ですが、最近愛着障碍《しょうがい》の子がとても増えているんです。発達障碍と症状がよく似ているのですが、赤ちゃんにとって母子密着が最も必要で母の愛語をたっぷり貰《もら》わなければならない時に、仕事などの都合で母子分離という養育環境に置かれ、しっかりした母と子の絆がつくれないところに原因があると言われています。

しかし、そういう子でも言葉の教育をやっていくと、薄紙を剝《は》がすように徐々に徐々によくなっていくんですよ。先ほどからの川島君のお話から察するに、これはやっぱり語彙が増えてくることが大きいのではないかと思うのですが。

川島　実はいま、読み聞かせのプロジェクトというのをやっていまして、読み聞かせをする際の親子の脳をそれぞれ測ってみたんです。

すると驚いたことに、母親の脳は前頭葉《ぜんとうよう》の真ん中の相手を思いやる領域、コミュニケーションを司る領域が一番働いていたんですよ。親にとって読み聞かせというのは、文章を読むというより、子供に高次のコミュニケーションを仕掛けて反応を読み取る脳活動が活発になっていることが分かりました。

ではその時に子供の脳はどうなっているかというと、話を理解する時に働く前頭葉ではなくて、辺縁系《へんえんけい》という感情を司る部位が活発に働いていたんです。

つまり幼い子への読み聞かせというのは、親が子供に心を寄せ、子供はそれを受けて感情を揺さぶられる、そういう作業だったことが脳科学で見えてきたんです。通常の文章を聴いている時の脳活動とは明らかに違う働きが見られるんですね。

土屋 母親による読み聞かせは、他人のそれと異なり、特別な意味があるに違いないと思っていましたので、実に興味深いお話です。

川島 山形県の長井市で、幼稚園児のいるご家庭に本を提供して実験しましてね。読み聞かせを受けている子供たちは、やはり言葉を扱う能力が伸びていました。しかし一番大きな効果は、親の子育てストレスがガクンと減るということだったんです。子供に読み聞かせをする時間が長ければ長いほど、それがデータにハッキリ現れるんですよ。

読み聞かせによって親子の愛着関係がしっかり結ばれるので、子供が親を引き付けるために悪さをしたり、親の理不尽な仕打ちを想像してビクビクしたりということがなくなるんです。

土屋先生がおっしゃるように、いまは愛着関係がきちっと結べていない親子が多いのが現状ですね。しかし、読み聞かせで親子の濃密な時間をつくれることが科学的に分かってきたことで、この問題に大きな楔《くさび》を一つ打ち込むことができると思うんです。

土屋 とても貴重なデータを導き出していただきました。
僕がある保育園で授業をした時のことです。キーワードを漢字で書いたカードを見せながら短いお話をしました。そして、お話の後で「これ何でしたっけ?」とカードを示すと、すべて読むことができるのです。この中に、いわゆる多動の子がいたとのことです。

午後の研修会で先生方がその子について「○○君が全く目立ちませんでした。皆と同じようにお話を聞き、カードを読んでいる。信じられません」と驚いていました。

その後も、言葉の時間を楽しみにしていて、きちんと席について、皆と一緒に音読をするとの報告を受けています。

実は、これはこの園に限らず、どこの園でも同じように見られる光景なのです。障碍のある子供でも、本能的に言葉を欲している。僕はそう感じるんです。

スマホの使い過ぎが脳の発達を阻害する

川島　いまのお話と深く関係していると思うのが、スマホの弊害です。

スマホやタブレットの利用時間が長い子供たち約二百人の脳の発達を、ＭＲＩ（磁気共鳴画像）を使って三年間調査したことがありましてね。利用頻度の少ない子はちゃんと三年分発達していたのに、利用頻度の高い子は脳の発達が止まっていました。言葉を司る前頭葉と側頭葉の発達が、右脳も左脳も止まってしまって、白質《はくしつ》という情報伝達の役割を果たす部分も大脳全体にわたって発達が止まっていたんです。

土屋　それは大変なことですね。

川島　もう少し詳しく見ていくと、スマホやタブレットの利用が一日一時間未満、もしくは使わない子は特に影響はないんですが、それが一時間以上になると、利用時間に応じて学力に対するネガティブな影響が大きくなるんです。

ですからスマホ、タブレットの使い過ぎは、明々白々に脳の発達を阻害しています。学力を含めてすべての能力が上手く発現できない状態に陥ってしまい、いくら勉強しても、睡眠を十分とってても成績が上がらない。先ほどご紹介した読書の効果の逆です。

これは大学生を対象に実験した時も同じでした。スマホやタブレットを手放せない学生は、大脳白質を中心に画像でハッキリ分かるくらい劣化している。その上、鬱《うつ》的な状態も発現しやすいし、自己抑制能力も大幅に低下することが分かっています。

あまりにもハッキリとデータに現れるので、スマホを長時間使い続けることで特定の遺伝子に何か起こっているのではないかと考えて、最近はその解析に取り組んでいるところなんです。

子育てはスマホをオフにして

川島　さらに僕がいま一番心配しているのが、乳幼児へのスマホの影響です。先ほど先生がおっしゃった愛着障碍も、一番の原因は実はスマホだと思うんです。多くの母親が、授乳時に子供を見ないでスマホを見ているんですよ。

医療現場では、母乳を飲ませることが大切だということは教えられるんですが、授乳がコミュニケーションだという教育は行われていないんですね。ですからお母さんは、赤ちゃんにおっぱいをあげながらスマホをいじっているんです。

最近は知育アプリというのも出てきました。スマホの画面に現れたキャラクターが「いないいないばぁ」をしたりするんですが、親はそれを見せておけば子供が賢くなると思い込んでしまう。結果的に、親子がしっかり向き合わなければならない大切な時期に、スマホとばかりコミュニケーションして育つ子供が山のようにいます。

一時期神経小児科医がサイレント・ベビー症候群と呼んで盛んに警鐘《けいしょう》を鳴らしていましたけど、最近はあまり言わなくなりましたね。

土屋　平成十六年頃に「ながら授乳をやめましょう」ということが盛んに言われていました。他人と目を合わさず、言葉の遅れが著しい子がどんどん増えてきているから、テレビやスマホのスイッチをオフにして、ちゃんと我が子の目を見て、言葉掛けをしながらおっぱいをあげてくださいと訴えていました。

川島　それがいまではすっかり鳴りを潜めてしまって、いま小学校を訪れると、明らかに表情に乏しくて、他人の気持ちを読む能力に欠ける子が大量にいるんですね。

この状況を変えていくには、時間はかかりますけど、これから親になる子供たちに、スマホの使い過ぎは問題があること、子育てで大事なのはコミュニケーションだということを直接教えていくしかないと思うんです。

土屋　本当におっしゃる通りです。スマホ授乳は、虐待に等しい行為と言わざるを得ません。

僕が昭和四十年に教員になった頃、発達障碍の有病率は一万人に一人でした。これが二、三年くらい前の調査では十五人に一人にまで激増している。しかし、先ほども言いましたように、その多くは愛着障碍だと僕は解釈しています。

そして、それは言葉の教育や、母と子のコミュニケーションによって愛着の再形成が可能であることを、僕は活動を通じて実感しています。

いまの子供にぜひ読んでほしい本

土屋　その上で、子供たちにぜひとも読書を習慣にしてほしいと思うのは、読書によって学力のみならず、徳性が顕著に養われることを実感しているからです。思いやりや感謝、尊敬、利他心、抑制といったような、人間だけが持つ高次元の心の働きを僕は徳性と呼んでいるんですけど、これらが育つことが読書の何よりの効果ではないでしょうか。

　先ほど僕が国語教育に使っていた名文をいくつか紹介しましたけど、それを唱和した子供たちの感想文を読むと、確かに徳性が育っていることが窺《うかが》えるんですよ。

「『鳴門』は、くやしい時、口に出てきて気持ちがやわらぐ」

「よしやるぞという時は、やっぱり『走れメロス』です」

「『鳴門』や『太平洋』の詩を思い出すと、雄大な気持ちになり、心が晴々とする。そして、心の中の怒りや悔しさも、すぐに心のうちで縮こまってしまう」

こういうのを読むと、やってよかったと実感するんですね。

川島　先生は、いまの子供や若い人にどんなものを薦めたいですか。

土屋　やはり戦後教育が疎《おろそ》かにした、縦軸の言葉を与えたいですね。まずお薦めしたいのが、かつての文部省唱歌です。これは当時の文部省が一流の文人に作詞を依頼してつくられたものなんですけど、例えば「われは海の子」に出てくる漢字は全部訓読みの大和《やまと》言葉ですし、七五調なんですよ。他にも日本の自然の移ろいが美しく描写されている唱歌が多いので、ぜひとも親しんでほしいですね。

それから和歌。短歌、俳句は日本のオリジナル文化ですからね。そして先ほど紹介した「鳴門」のような、文語の定型詩もいい。

いまは愛着障碍の問題もありますから、母と子の情が描かれている作品にもぜひ触れてほしいですね。例えば『杜子春《とししゅん》』なんかいいじゃないですか。主人公の杜子春が自分のために鞭《むち》打たれている母を見て、鉄冠子《てっかんし》との約束も忘れて涙を流しながら「お母さん」と叫ぶところは心を打たれます。

人間の心の弱さを自覚する上では『蜘蛛《くも》の糸』を読むといいですね。しかもあの作品はとても丁寧な文章で書かれていますから、言葉の勉強にもなります。通行の難所で多くの人が命を落とすのを見かねた和尚が、人々のために三十年がかりでトンネルづくりに尽くす『青《あお》の洞門《どうもん》』の話もいいですね。

川島　どの本も懐《なつ》かしいですね。

土屋　古典であれば、『平家物語』の「扇《おうぎ》の的《まと》」なんかいいですね。那須与一《なすのよいち》が扇を見事に射抜くと、源氏方も平家方も敵味方を忘れて讃《たた》え合う。最近の日本人はギスギスしているから、ぜひああいう大らかさに触れてもらいたいですね。

それから、スマホばかりいじって自然に対する感覚が鈍っている最近の子には、先ほどご紹介した徳冨健次郎の『自然と人生』もいいですし、文語文ではないですけど、富山和子さんという環境問題評論家が子供向けに書いた本も読んでほしい。『森は生きている』をはじめとするシリーズで、生命が循環していることを分かりやすく書いてあるんです。

親御さんにはメリメの『マテオ・ファルコネ』をお薦めしたいですね。スペインのコルシカ島に住む銃の名人に待望の男の子が生まれるんですが、その子が少年になって留守番をしている時に銀貨の誘惑に負けて匿《かくま》ったお尋ね者を、今度は銀時計の誘惑に負けて兵隊に引き渡してしまう。事情を知った父親は、こんな裏切り者は私の子ではないと最愛の息子を銃で撃ち殺してしまうという、衝撃的なストーリーです。信義という価値に対する筆者の思い入れの深さを表しているわけですが、戦後に精神が柔《やわ》になってしまった日本人には、時にこういう価値観にも触れてほしいですね。

語彙力向上の秘訣

川島　子供に薦めたい本に限らず申し上げると、僕が大人になってから一番衝撃を受けたのが宮澤賢治の作品でした。大学に進学して以来東北に住んでいることもあって、ずっと意識していたんですけど、ある時朗読を聞いて体に電気が流れるような衝撃を受けたんです。

土屋　あぁ、朗読を聞いて衝撃を。

川島　自分で読んでいる時もそれなりにイメージしてきたつもりだったんですけど、朗読を聞いて賢治の書いている東北の景色が強烈に頭の中に飛び込んできて、そこから俄然、宮澤賢治の作品が面白くなりましたね。

それから、子供や若い人によく言うんですけど、映画を観ただけでその作品を理解したつもりになってほしくないんです。

土屋　原作を読んでほしいと。

川島　そうなんです。例えば『ハリー・ポッター』にしても、原作を読めばもっとイメージが広がるし、映画とはまるっきり違った印象を受けるからと。ディレクターのステレオタイプのイメージの中に押し込まれたものを観て満足してしまうのは不幸です。本を読めば、無限の解釈ができる面白さにぜひ気づいてほしいんですよ。

ただ、いまの若い人たちは本を読めないいんです。脳に本を読む体力がない。特にスマホ社会になってからは、集中力が三十秒続かないんですよ。

土屋　深刻な問題ですね。

川島　彼らのスマホの使い方を見ていると、ゲームをやっていると思ったらＬＩＮＥ《ライン》でメッセージのやり取りをし、そうかと思えばもうユーチューブを観ている。一つのことにじっくり集中できないので、本を与えても辛《つら》くなってすぐ投げ出してしまうんです。

　本を読むという行為は、結構集中しないとできないし、ある程度の分量が記憶に残っていないと文脈を摑《つか》めないじゃないですか。いまの若い人はそれがどうもできないんですね。ですから、きょう土屋先生にご紹介いただいたような短い文章を読むところから再教育をしていかないと、ダメなんだなと痛感しました。

土屋　ここで先ほどの読み聞かせについて一つ付け加えておきたいことがあります。読み聞かせをすると子供たちは一所懸命聴くんですけど、それで読書する習慣が身に付くかというと、実はそうでもないんです。読み聞かせの唯一の欠点は、文字を読む力が育たないことです。ですから、幼児期のうちにいかにして自分で文字を読む力を養ってあげるかが大事です。

戦後の日本の教育は、何でも易しく噛《か》み砕いて教えようとして逆に子供の成長の機会を逸していると思うんです。子供って易しいことはすぐつまらなくなるんですよ。石井式漢字教育法で有名な石井勲《いさお》先生は、漢字は目で見る言葉だという考えで、幼児にも遠慮なく漢字で教えることを提唱なさっていました。書けなくてもいいから一つ読めるようになれば、語彙が一つ増え、その分思考力も高まります。ですから僕は、「漢字の読み先習《せんしゅう》」で子供たちの語彙力向上に一所懸命取り組んでいるんです。

よい本を読めばよい人生が開ける

川島　読書をすると頭の中でいろんなイメージが膨らみますけど、それは未来に想いを馳《は》せるいい訓練になると思います。人として一番大事なことは、未来にイメージを膨らませることだと僕は思っているんです。

ところが、現代人の多くはいまを生きることだけで精いっぱいになっています。それでは犬や猫と変わりません。動物は過去や未来に想いを馳《は》せることもありませんからね。多くの人はまさに動物化していて、いまがハッピーかどうかが行動原理になっているのを痛感するんです。

土屋　本当におっしゃる通りだと思います。

川島　しかし、読書をすれば先人の知恵に触れることができます。そしてもっと大きいのは、そこから新しいものを生み出していけることです。人類はこれまで、そうやって未来へ想いを馳せてきたからこそ発達してきたんです。

そういう意味で、いまは人類の発達を止める社会になっていて、そこに抗《あらが》う一番大きな力を持っているのが読書だと僕は思っています。未来を創るという点に読書の意義があると僕は思っているんです。

土屋　同感です。ただ、僕はやっぱり過去にもこだわりたいんです。現在は過去の累積の上にあるものですし、現在の延長上に未来もあるからです。そのことを日本はこれまで疎かにしてきたと思うんですよ。

読書には、自分を知るという大切な効能もあります。本を通じて古今東西の優れた人物と触れ合い、対話することを通じて自分を知ることができるからです。

僕は現役の教員だった頃、佐藤先生の勉強会で戦後教育の問題を痛感していましたから、日教組には入りませんでした。そのために散々苛《いじ》めに遭って辛い思いをしてきたんですが、その時に和辻哲郎の『偶像再興』の「樹の根」という文章に出合って、鞭で打たれたような衝撃を覚えたんです。

和辻は書いています。「私は老樹の前に根の浅い自分を恥じた。そうして地下の営みに没頭することを自分に誓った。（中略）成長を欲するものは（中略）上にのびる事をのみ欲するな。まず下に食い入ることを努めよ」と。

それを読んで、和辻の書いている言葉がそのまま自分に当てはまることを痛感しましてね。自分はまだまだだと、気持ちを入れ換えて精進に徹してきたわけです。

川島 いいお話を伺いました。

土屋 そういう素晴らしい言葉に出合って自分を知る喜びを得られることが、やっぱり読書の醍醐味《だいごみ》だと思うんです。

子供たちを観ていて感じるのは、彼らが読書を通じて様々な言葉を自分たちの中に入力していくと、だんだんその言葉に宿る命が、子供たちをコントロールし始めていくように思うんです。逆に言えば、子供たちは入力された言葉を実現しようと心が働いてしまうように感じているのです。

ですから、よい言葉をたくさん入力した子供は、それを実現しようと心が働くから、結果としてよい生き方が実現できる。そういう意味でも、子供たちに優れた人物の伝記やよい詩文に触れてもらうことは、とても意義のあることではないかと僕は思うんです。

川島　脳の働きから見ると、言語というのは思考のツールです。ですから我われの思考のレベルというのは、自分の内にある言語のレベルによって決まるんです。

例えば海外に行って向こうの人と英語で議論すると、僕らはなかなか勝てないんですよ。言語のレベルに思考のレベルが押し下げられてしまうからです。日本語でやれば対等に議論できるんですけど、向こうでは小中学生の言語レベルで議論するから完敗するわけですね。

同じことは子供たちを見ていても感じます。語彙の少ない子は思考の幅が狭いし、考え方が幼い。それはやっぱり思考のツールを十分持ち合わせていないからなんです。思考の脳は言語の脳がベースになっていることが明らかですから、子供たちには脳科学の面からもぜひよい本をたくさん読んでほしいですね。

土屋　きょうはおかげさまで国語の大切さ、読書の大切さを科学的な面からも理解することができました。僕はいま七十六歳で、いよいよ起承転結の結の人生に入りました。今回のお話も踏まえて、残りの人生を日本の教育のために精いっぱい捧げていきたいと念じています。

本書は、月刊『致知』掲載の「読書習慣が学力を決める」（二〇一九年九月号）を収録したものです。

〈著者略歴〉

川島隆太（かわしま・りゅうた）昭和34年千葉県生まれ。東北大学医学部卒業。同大学院医学系研究科修了（医学博士）。同大学加齢医学研究所所長。専門は脳機能イメージング学。著書に『読書がたくましい脳をつくる』（くもん出版）『やってはいけない脳の習慣』（青春新書）『スマホが学力を破壊する』（集英社）など多数。共著に『素読のすすめ』（致知出版社）などがある。

土屋秀宇（つちや・ひでお）昭和17年千葉県生まれ。千葉大学教育学部卒業後、県内で中学校英語教師を務める。13年間にわたり小中学校の校長を歴任し、平成15年定年退職。その後、日本漢字教育振興協會理事長、漢字文化振興協会理事、國語問題協議會評議員などを務める。30年一般社団法人「母と子の美しい言葉の教育」推進協会設立。著書に『日本語「ぢ」と「じ」の謎』（光文社）など。

致知ブックレット

読書習慣が学力を決める

令和元年十月二十五日第一刷発行

著者　川島　隆太
　　　土屋　秀宇
発行者　藤尾　秀昭
発行所　致知出版社
〒150-0001東京都渋谷区神宮前四の二十四の九
TEL（〇三）三七九六―二一一一
印刷・製本　中央精版印刷
落丁・乱丁はお取替え致します。　（検印廃止）

ISBN978-4-8009-1219-0 C0095
ホームページ　https://www.chichi.co.jp
Eメール　books@chichi.co.jp